Abidjan : livebox et troupeau

# 99 centimes l'ebook, un nouveau modèle économique

## Un prix symbolique pourtant plus intéressant pour l'écrivain qu'une publication en livre de poche

# Thomas de Terneuve

## 99 centimes l'ebook, un nouveau modèle économique

**Un prix symbolique pourtant plus intéressant pour l'écrivain qu'une publication en livre de poche**

Edition revue et actualisée en décembre 2013.
Disponible en numérique et en papier.

**Jean-Luc Petit éditeur – Collection Précisions**

Comme un écrivain indépendant

# 99 centimes l'ebook, un nouveau modèle économique

## Un prix symbolique pourtant plus intéressant pour l'écrivain qu'une publication en livre de poche

Cahors
Porte
58 rue du Château du Roi

8

# 99 centimes l'ebook, un nouveau modèle économique

## Un prix symbolique pourtant plus intéressant pour l'écrivain qu'une publication en livre de poche

### Présentation générale

Il ne s'agit nullement de prétendre que le juste prix de l'ebook se situe à ce tarif plancher mais dans la transformation du monde de l'édition française, il convient de trouver une correspondance numérique au livre de poche.

Les lectrices et lecteurs peuvent refuser un système où l'exemplaire numérique se vendrait automatiquement au niveau de ce livre de poche. Certes, certains éditeurs sont restés scotchés à une approche encore plus défavorable aux acheteurs, avec une remise limitée à 20 ou 30%.

Un nouveau modèle économique s'installe et la vérité doit circuler. D'un côté le Syndicat National de l'Edition et son *« un livre numérique coûte au moins autant à produire qu'un livre papier »*, de l'autre des éditeurs indépendants et leurs propositions alléchantes.

La vérité, dans le domaine du livre numérique, est souvent incroyable : il me faut constamment démontrer, chiffres à l'appui, qu'il est financièrement plus intéressant pour un écrivain de publier un ebook à 99 centimes plutôt qu'un livre de poche. Incroyable !

Deuxième ebook de la nouvelle collection « précisions ».

Vous pouvez chercher un symbole dans le choix d'une publication le 14 juillet 2012 !

Thomas de Terneuve
http://www.99cents.fr

## La collection "précisions"

Des livres m'ont persuadé de lancer une collection "précisions" : quand une partie pourrait constituer un "mini ebook", idée sûrement née de la certitude que ce sujet peu traité ailleurs doit générer des recherches ou nécessiterait une information facilement disponible. Publier, c'est aussi rendre visibles des points essentiels que les installés préfèrent ne pas porter à la connaissance du grand public. Il s'agit de domaines pour lesquelles la production d'un livre papier ne saurait être envisagée, tant le lectorat potentiel semble mince. De plus, la faible pagination exige un prix bas.

Naturellement, des opportunistes n'hésitent pas à essayer de faire du fric avec des documents de quelques milliers de signes, parfois même en compulsant des informations "libres de droits", vendus à un prix exorbitant. Les rapaces se jettent aussi sur ce nouvel univers impitoyable du contenu pour liseuses et tablettes !

Un sujet précis, une étude rigoureuse, dont une partie fut déjà publiée chez le même éditeur (si l'idée de départ consistait à extraire des données des précédentes publications, l'expérience montre que chaque bouquin répond à sa propre logique, nécessite un approfondissement, l'ajout de pages inédites), et un tarif symbolique : 99 centimes d'euro. Dix titres sont ainsi programmés pour 2012, un éclairage de l'édition française. Signés Thomas de Terneuve, le nouveau pseudonyme d'un écrivain engagé dans la révolution numérique depuis quelques années...
Un site est "naturellement" né avec cette collection, portail des ebooks francophones à 99 centimes : http://www.99cents.fr

## Le coût de fabrication d'un livre numérique

Dans "*Le livre numérique, fils de l'auto-édition*" fut analysé le texte « *Le livre numérique : idées reçues et propositions* », diffusé par le SNE, Syndicat National de l'Edition, au salon du livre de Paris, lors des Assises professionnelles du livre, le 17 mars 2009.

Le SNE y égraine des arguments pour combattre l'idée qu'un livre numérique doive coûter moins cher qu'un livre papier ! Il prétend même qu'un ebook « *coûte au moins autant à produire qu'un livre papier.* » Il ne nie pas la disparition des coûts propres au papier mais l'éditeur aura « *de nouveaux coûts* », et on déroule là une liste à la Prévert : « *coûts de conversion des fichiers (voire de numérisation s'il s'agit de livres plus anciens), coûts de stockage des fichiers, coûts de sécurisation des fichiers, frais juridiques liés à l'adaptation des contrats d'édition et à la défense contre le piratage, etc.* »

Y'a même pas le coût de l'ordinateur !

Monsieur Yann Gaillard, dans son rapport d'information au Sénat "*La politique du livre face au défi du numérique*", du 25 février 2010, reprenait l'analyse : "*De manière paradoxale, les éditeurs nient que les coûts soient moindres pour un livre numérique que pour un livre papier. Ainsi, le SNE a diffusé au salon du livre, le 17 mars 2009, un texte dans lequel il affirme qu'* « un livre numérique coûte au moins autant à produire qu'un livre papier », *en raison des coûts propres au numérique, qui selon lui* « compensent peu ou prou la disparition des coûts liés au papier ». *L'argumentation est cependant peu convaincante. On peut d'ailleurs noter que l'argument selon lequel le livre numérique serait fortement handicapé par une imposition à la TVA à taux plein n'a de sens que*

12

*si l'on suppose que son prix hors taxe est proche de celui du livre papier. Au total, le SNE rejette fermement l'idée que le livre numérique doive être au moins 30 % moins cher que le livre papier.*

*L'Autorité de la concurrence estime en revanche que le livre numérique pourra coûter nettement moins cher que le livre papier.*

*Les deux points de vue peuvent être conciliés si l'on considère que le marché du livre numérique est encore très limité en France, d'où de faibles économies d'échelle.*

*En revanche, **il est inévitable que d'ici quelques années les coûts du livre numérique soient nettement inférieurs à ceux du livre papier.***"

http://www.senat.fr/rap/r09-338/r09-3386.html

Alors, quel est le vrai coût de fabrication d'un livre numérique ? Le temps. Si les "livres enrichis" peuvent nécessiter des semaines de travail, la codification d'un document de textes en word ou works aux formats PDF, ePUB, Mobipocket se limite à quelques heures de travail, après maîtrise d'outils finalement simples d'utilisation.

Naturellement, l'*éditeur classique* paye des salariés pour une telle codification, alors que l'auteur éditeur indépendant, même s'il exerce une activité annexe, y consacrera plutôt des heures de loisirs que de payer un professionnel. Le temps le plus long reste bien l'écriture du livre !

Le coût donc : des logiciels gratuits (ou à la redevance très faible, comme atlantis) et du temps. Quant à la distribution, il convient de signer exclusivement avec un edistributeur se payant sur les ventes. La marge de 10% d'*Immateriel* me semble correcte.

## Les droits d'auteur des livres en papier

En "littérature générale" la moyenne des droits d'auteur est généralement considérée à 10%.

L'Arpel Aquitaine, agence régionale pour l'écrit et le livre, a néanmoins, récemment (janvier 2011), publié un document où ce taux moyen tombe à 8%, sûrement en incluant les "livres jeunesses" :

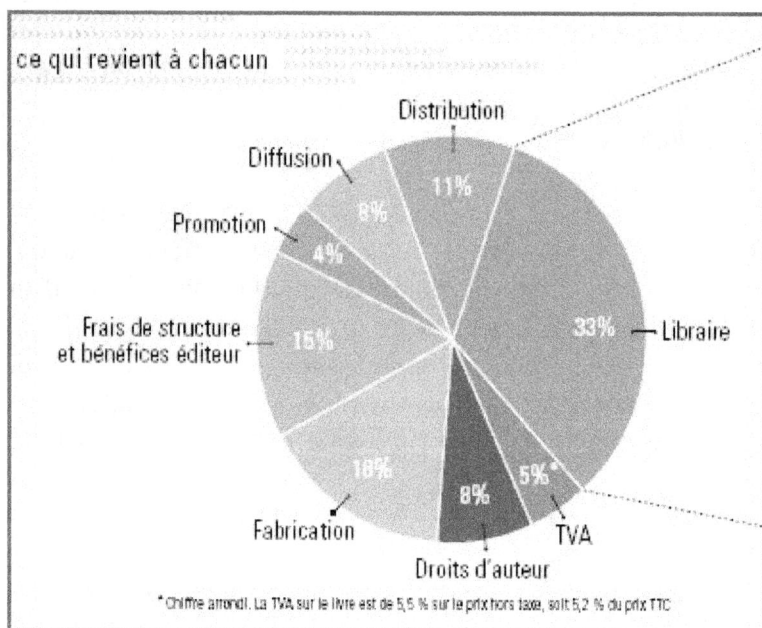

ce qui revient à chacun

Distribution 11%

Diffusion 8%

Promotion 4%

Frais de structure et bénéfices éditeur 15%

Libraire 33%

Fabrication 16%

Droits d'auteur 8%

TVA 5%*

*Chiffre arrondi. La TVA sur le livre est de 5,5 % sur le prix hors taxe, soit 5,2 % du prix TTC

Quant au livre de poche, le gouvernement nous offre un résumé :
http://www2.culture.gouv.fr/deps/fr/PDF/Deps-CE-2008-4-site_poche.pdf

« *Le fait qu'il s'agisse de « droits annexes » (ou «*

*dérivés »)* *a* *également* *une* *conséquence* *directe* *sur* *le* *montant* *des* *droits* *d'auteurs :* *la* *rémunération* *proportionnelle de 10%, versée par l'éditeur du format de* *poche aux ayants droit, est traditionnellement répartie à* *égalité entre l'auteur et le primo-éditeur ; elle reste donc* *pour moitié au sein du groupe, ou de l'éditeur indépendant* *lorsque celui-ci intègre l'édition grand format et l'édition* *au format de poche. Cela se traduit de fait par une* *diminution de 50% du poste des droits d'auteurs par* *rapport à l'édition grand format. Cette rémunération* *proportionnelle de 5 % pour l'auteur vaut aussi pour les* *inédits en format de poche. »*

**Le prix moyen étant de 6 euros pour un livre de poche, l'auteur reçoit environ 30 centimes.**

## Les droits d'auteur des livres numériques chez les "éditeurs classiques"

Le Bief, Bureau international de l'édition française, organisme chargé de promouvoir l'édition nationale à l'étranger, souhaitant sûrement rassurer nos éditeurs, a mené une enquête, auprès des professionnels du livre, de Londres à Munich, en passant par Barcelone, New York, Milan, Madrid, Sao Paulo et même Tokyo, afin d'analyser le nouveau marché de l'ebook.

Etude intitulée : *Les achats et ventes de droits de livres numériques : panorama de pratiques internationales.*

Naturellement, la primeur des chiffres fut accordée au CNL, Centre National du Livre, le lundi 7 mars 2011. Un peu partout, ça s'annonce mal pour les écrivains : les droits numériques ressemblent de plus en plus aux droits papier.

Ainsi les droits numériques sont désormais acquis en même temps que les droits papier, dans les contrats d'édition (ce n'est guère surprenant).

Le taux moyen des droits d'auteur est intéressant : 25% du revenu net de l'éditeur. Pas d'euphorie à ce « 25% » : l'éditeur gagne quatre fois plus que l'écrivain ; ce n'est pas 25% de droits d'auteur.

Imaginez donc : une vente à 3,99 euros TTC, soit 3.87 HT sur Amazon. Si l'éditeur reçoit 62%, soit 2,32 euros, il reversera à l'auteur un quart de cette somme, soit 58 centimes.

On comprend donc que pour parvenir à des droits d'auteur moins ridicules, ces éditeurs ne voient qu'une solution : imposer un prix de vente élevé.

Au sujet de la décote par rapport au prix du livre imprimé, le Bief fournit des chiffres : 20 % cn Allemagne, 30 % en

Espagne, 30 à 40 % en Italie, 20 à 30 % au Japon, 10 à 30 % au Brésil, jusqu'à 50 % aux Etats-Unis.

Dans *le Monde*, l'édition du 21 janvier 2011, un article d'Antoine Gallimard : « *Les éditeurs intègrent au contrat d'édition une clause ou lui adjoignent un avenant portant sur les droits numériques. La grande majorité des auteurs confient ainsi les droits numériques de leur livre à leur éditeur. Plusieurs dizaines de milliers d'avenants ont été conclus, sans compter les contrats d'édition pour les nouveautés qui incluent depuis longtemps déjà des clauses sur les droits numériques.* »

Et sur le taux :

« *Que proposent les éditeurs à leurs auteurs pour l'exploitation numérique de leurs livres ?*
*Malgré le contexte d'incertitude du marché et les investissements qu'ils font, les éditeurs proposent à leurs auteurs des taux de rémunération au moins égaux à ceux du livre imprimé, en retenant de plus en plus fréquemment le "haut de la fourchette" de ces taux et en l'asseyant sur le prix public (et non sur leur chiffre d'affaires net).* »

Pour justifier ce taux :

« *Avant de parler de juste répartition, encore faut-il pouvoir mesurer la réalité financière de ce marché.*
*Pour honorer son engagement contractuel de diffuser et faire connaître les oeuvres sous forme numérique sur tous les réseaux, l'éditeur doit investir en recherche & développement dans ce nouveau métier.*
*Contrairement à l'idée reçue, l'édition numérique fait apparaître de nouveaux coûts pour l'instant non maîtrisés.*
*Il ne s'agit plus seulement de fournir des fichiers*

*numérisés des oeuvres, mais d'assurer leur protection et leur diffusion au travers de plates-formes complexes et variant selon les environnements technologiques.*

*C'est un nouveau circuit qu'il s'agit de maîtriser, tout en tenant compte de l'ensemble des canaux de distribution, en particulier celui de la librairie.*

*Quant à l'absence de stocks physiques, toujours mise en avant, elle ne signifie pas la disparition des frais de fabrication (préparation, composition, correction...), de diffusion, de promotion ou de distribution. »*

David Assouline, au Sénat, le 29 mars 2011 : « *Quand je vois les éditeurs s'insurger contre une petite phrase sur « la rémunération juste et équitable des auteurs », je me dis que les masques tombent. (...) Avec le numérique, nombre de coûts vont être atténués, du papier à l'imprimerie et au stockage, on pourrait donc se préoccuper enfin des auteurs. Et on nous dit « Oh non, surtout pas » ! (...) À l'heure actuelle, 55 % de coût du livre représente la distribution, 15 % l'impression, 20 % l'éditeur et 10 % l'auteur. Avec le livre numérique, l'éditeur touchera sept fois plus que l'auteur ! (...) Les éditeurs japonais, américains, canadiens m'ont dit la même chose : le numérique réduit de 40 % les coûts d'édition. »*

Que ce soit le même taux que le papier (environ 10% du prix de vente) ou 25 % des revenus de l'éditeur, l'auteur doit se contenter de miettes chez un éditeur "classique."

## Le modèle du 0,99 dollar d'Amazon US

John Locke est entré en 2011 dans le cercle restreint des auteurs qui dépassent le million d'ebooks vendus sur le Kindle d'Amazon.

Un auteur indépendant, de nouvelles policières ou d'aventure, passé par le Kindle Publishing, l'auto-édition selon Amazon.

Tarif le plus fréquemment utilisé : 0,99 dollar.

John Locke avait d'abord opté pour un prix lui permettant de toucher 70% mais le passage au 0,99 dollar lui a rapidement permis de vendre ses ebooks comme des petits pains, un million en 5 mois.

Un million multiplié par 0,35 dollar, l'écrivain s'est ainsi offert quelques années de tranquillité financière.

Amanda Hocking a franchi la même barre, avec également des prix bas, de 0,99 à 2,99 dollars.

Naturellement, atteindre un million de ventes dans le marché francophone, même avec un taux d'équipement équivalent aux Etats-Unis, sera nettement plus difficile. La francophonie restera moindre, à cela nous ne pouvons rien y changer !

Mais le jour où des indépendants parviendront à 100 000 exemplaires annuels, ils vivront tranquillement de leur plume, même avec un tarif à 99 centimes.

## Amazon Kindle Autopublication n'est pas la meilleure solution pour l'ebook à 99 centimes

**Kindle Direct Publishing** permet d'apparaître (pas forcément être très visible) dans LA Boutique Kindle d'Amazon. C'est déjà énorme et en plus gratuit. Si vous ne vendez pas un seul ebook, vous n'aurez malgré tout pas perdu un centime. Seulement du temps. Et des illusions.
Amazon note : « *Les livres autoédités par ce biais peuvent bénéficier de l'option Redevances à 70 % et sont disponibles sur les liseuses Kindle et les applications Kindle pour iPad, iPhone, iPod Touch, PC, Mac, BlackBerry et les appareils équipés d'Android.* »
https://kdp.amazon.com/self-publishing/signin

70 % du prix de vente HT (avec une TVA à 3% grâce au siège luxembourgeois d'Amazon Europe, il s'agit presque du prix TTC).
Mais c'est 70 % ou 35%.
Ne sont vendus avec 70 % du prix de vente HT pour l'auteur que les ebooks achetés par des clients de France, Monaco, Andorre, Autriche, Belgique, Canada, Allemagne, Italie, Liechtenstein, Luxembourg, San Marin, Espagne, Suisse, Royaume-Uni (y compris Guernesey, Jersey et l'île de Man), États-Unis et la Cité du Vatican.
Ce qui constitue certes la majorité des acheteurs de livres en français.

Il ne s'agit pas d'un 70% ferme : des coûts de livraison sont prélevés en fonction du poids du livre numérique :
Amazon.com: 0,15 USD /Méga-octets
Amazon.co.uk: 0,10 GBP/Mo
Amazon.de, Amazon.fr, Amazon.es, Amazon.it : 0,12 euro / Mo.
Le coût de livraison minimum est de 0,01 USD pour les

ventes en dollars américains, de 0,01 GBP pour les ventes en livres sterling et de 0,01 EUR pour les ventes en euros.

Un ebook de textes, plus la couverture, au .prc Kindle, oscille entre 200 et 2000 Ko (0,2 à 2 Mo). Mais un ebooks de photos en couleur grimpe très rapidement à plusieurs méga-octets. Ce coût de livraison fut peut-être instauré pour justement éviter l'utilisation de la plateforme pour des ebooks de photos…

Les livres constitués essentiellement de contenu du domaine public ne peuvent pas bénéficier de cette option à 70 %. Malgré cela, certains ont trouvé intéressant de proposer Proust, Maupassant, Balzac…

Et il existe une fourchette de prix pour obtenir l'option à 70 % : 2,60 à 9,70 euros. En dessous de 2,60 et au-dessus de 9,70, c'est donc 35% du prix HT pour l'auteur.

Donc les ebooks vendus ainsi à 99 centimes ne bénéficient pas à 70% à leur auteur…

Ce qui donne : 0,99 TTC : 0,96 HT

65% de marge autopublication Kindle : 0,62

Ainsi 34 centimes reviendront à l'auteur. Vous en serez peut-être surpris mais je touche 70% de plus ! (24 centimes en plus, soit 70% de plus que 34 centimes) Ce qui est énorme, vous ne trouvez pas ?

**Les revenus pour l'écrivain indépendant des ventes numériques à 99 centimes**

Lors des ventes sur Amazon (taux de tva à 3%) : 0,99 TTC soit 0,96 HT.
40% de marge (30% Amazon, 10% Immateriel) : 0,38
Soit 0,58 euro pour l'auteur-éditeur.

| Prix Public TTC | Monnaie | Taux | Quantité | ID commande | Revendeur | Description | Remise revendeur | Prix net HT remise | Total net HT |
|---|---|---|---|---|---|---|---|---|---|
| 0,99 | EUR | 3,00 | 1 | 793383 | Amazon Kindle | | 40 | 0,58 | 0,58 |

Les ventes générées sur les librairies françaises sont naturellement assujetties au taux de tva de 7%. Mais avec une remise revendeur à 35% sur les ebooks vendus sur immateriel.fr, 60 centimes reviennent à l'auteur-éditeur.

| Prix Public TTC | Monnaie | Taux | Quantité | ID commande | Revendeur | Description | Remise revendeur | Prix net HT remise | Total net HT |
|---|---|---|---|---|---|---|---|---|---|
| 0,99 | EUR | 7,00 | 1 | 679804 | immatériel.fr | | 35 | 0,60 | 0,60 |

Il existe bien un cas de 7% avec 40% de remise : les ventes par la Fnac.

| Prix Public TTC | Monnaie | Taux | Quantité | ID commande | Revendeur | Description | Remise revendeur | Prix net HT remise | Total net HT |
|---|---|---|---|---|---|---|---|---|---|
| 0,99 | EUR | 7,00 | 1 | 720426 | Fnac.com | | 40 | 0,56 | 0,56 |

Alors, 56 centimes "seulement" reviennent à l'auteur-éditeur. Toujours nettement plus que lors d'une vente d'un livre de poche à 6 euros ! (vous pouvez calculer l'influence du taux de Tva français de 5,5% en 2013)

## Quel prix de l'ebook chez les éditeurs "classiques" ?

Quand Alain Beuve-Méry, pour LE MONDE du 18 avril 2012 demande « *quel est le juste prix d'un e-book ?* » à Arnaud Nourry, PDG d'Hachette Livre, il répond : « *le marché a montré que le consommateur est prêt à payer entre 12,99 et 14,99 dollars. Nous avons fait des études de marché aux Etats-Unis comme en France, qui montrent que l'écart raisonnable entre le numérique et le papier est de 30 % à 40 %. On nous a reproché d'avoir refusé le prix uniforme qu'Amazon voulait imposer à 9,99 dollars. Ce prix nous a paru incompatible avec le maintien de la diversité de création, et celui d'un réseau de revendeurs traditionnels. 9,99 dollars est un prix à comparer à celui du livre papier, de 28 à 30 dollars. Est-ce sérieux pour un revendeur de brader à 9,99 dollars un livre qui en vaut 30 ? Je vous laisse trouver la réponse.* »

En mai 2012, *Hachette Livre* décida néanmoins de baisser des prix : ceux des versions numériques d'environ 2000 titres édités en grand format par les maisons d'édition du groupe (Grasset, Fayard, Stock...) et en livre de poche par le groupe, via Le Livre de Poche.

Simple constat : les ebooks vendus à plus de 15 euros en papier se retrouvent rarement à moins de 10 en numérique.

## Qui pratique le 99 centimes en France ?

Bragelonne, un éditeur spécialisé dans le fantastique et la science-fiction, a fêté son cent-millième ebook vendu en proposant une opération « 100 ebooks à 0,99 euro » le 1er avril 2012.

Il en aurait ainsi écoulé 15000. J'ignore comment furent répartis les 8500 euros (environ) reçus ce jour-là !

Une structure regroupant de nombreux auteurs, publie.net de François Bon, réalise désormais un lancement de ses ebooks à 0,99 euro durant un week-end.

Publie.net s'intéresse aux textes contemporains, récits, poésie, essais, vendus sans DRM, au prix maximum de 3,99 euros.

Son principe : « *50% de la recette nette téléchargements est attribuée directement à l'auteur, ainsi que 30% des recettes abonnements par péréquation des pages lues, clôture annuelle d'exercice au 30 juin.* »

50 % de la recette nette, publie.net étant distribué sur Immateriel, les ventes sur Amazon doivent donc revenir à 28,5% du montant TTC à l'auteur (3% TVA, 30% Amazon, 10% Immateriel, 28,5% publie.net).

Son fonctionnement : « *nous sollicitons nous-mêmes nos auteurs, en fonction de ce qui naît sur les blogs et des nouvelles formes qu'on y repère – notre planning de publication est déjà très chargé avec plusieurs mois de délai, et nous donnons priorité aux expériences numériques natives; auteurs publiés chez des éditeurs traditionnels : sauf si avenant numérique spécifique, vous êtres libre d'organiser vous-même la diffusion numérique de vos livres, si votre éditeur papier ne l'a pas fait, n'hésitez pas à nous contacter.* »

Les seuls priés de contacter monsieur Bon sont donc « les

*auteurs publiés chez des éditeurs traditionnels* » qui n'ont pas signé d'avenants numériques. Cette phrase a le mérite de la clarté !

Publie.net vend des classiques à 99 centimes. Je vous déconseille grandement de payer pour *Une Saison en enfer* d'Arthur Rimbaud ou *Les Fleurs du Mal* de Charles Baudelaire.

Les « *auteurs publiés chez des éditeurs traditionnels* », cibles de monsieur Bon, pensent peut-être qu'il s'agit là d'une grande chance ? Ils obtiendraient de meilleurs retours financiers en indépendants... Moins de 30% semble peu alors qu'ils apportent « un nom déjà connu. » Nous sommes loin de la révolution numérique ! Soyez connu et monsieur Bon vous ouvre les portes de sa révolution !

Numériklivres, un éditeur 100% numérique qui publie également quelques classiques (certains à 0,99 euro d'autres nettement plus chers !), a réalisé la vente à 99 centimes pour des opérations "ebook Friday." Mais cette approche n'a pas duré. Il propose désormais une collection "45 minutes", de livres très courts, environ 12000 à 14000 mots en SF, polar, romance ou érotisme, à ce tarif. Impossible de trouver le taux de droit d'auteur pratiqué par cette jeune maison.

Pour les auteurs-éditeurs, les écrivains indépendants, le modèle économique du 99 centimes est donc intéressant. Dès qu'un éditeur externe intervient, l'écrivain ne récupérera pas grand-chose ! Il s'agit bien d'un nouveau modèle économique, qui passe par la refondation du modèle de l'édition, toujours dans une logique bicentenaire de prédominance de l'éditeur sur l'auteur.

## Les libraires non banquiers ne gagnent rien avec un ebook à 99 centimes ?

Les frais bancaires engloutissent notre marge de 30%, avec vos livres à 99 centimes. Quant à ceux à 49 centimes, si nous les vendons nous y perdons de l'argent !

Nos chers libraires dénoncent ainsi ces grands groupes devenus des banques et qui gagnent sur les faibles montants quand eux, les gentils petits libraires, sont les dindons de l'affaire.

Tout libraire ne peut effectivement pas devenir une banque ! Mais la solution à ce « drame financier » est simple ! Il suffit d'offrir deux optons à l'acheteur :

– Le montant payé par carte bancaire doit être supérieur à cinq euros. Si le montant de la commande est inférieur, la différence alimentera un « porte-monnaie », d'où l'argent est utilisable à tout moment, sans minimum de transaction.
– Un « supplément lié aux frais bancaires », de quelques centimes, est réclamé si l'auteur ne souhaite pas « ouvrir un porte-monnaie. »

Le porte-monnaie présente en plus l'avantage de fidéliser l'acheteur.

– D'accord, mais notre système informatique ne le prévoit pas !
– N'accusez donc pas le 99 centimes alors qu'il s'agit d'un problème de conception de votre logiciel !

Le porte-monnaie est la solution ! Mais il est plus simple de maugréer que de réfléchir ! Il suffisait de demander à un écrivain !

## Lectrices, lecteurs, votre achat a aussi une valeur symbolique

Dans la légalité :
Si l'auteur est vivant, des droits d'auteur lui reviennent.
Si l'auteur est décédé depuis moins de 70 ans, des droits d'auteur sont versés à ses héritiers.
Si vous payez l'ebook d'une oeuvre du domaine public, vous devez savoir qu'aucun centime ne reviendra aux héritiers de l'auteur : tout se partage entre les différents intervenants. Toute oeuvre d'un auteur du domaine public peut donc être mise à disposition gratuitement.

Si vous achetez des ebooks à un tarif exorbitant, vous soutenez une certaine conception de la nouvelle économie du livre numérique, celle où des éditeurs s'engraissent quand les écrivains restent aux miettes.

Un ebook à 99 centimes n'est donc pas forcément un ramassis de médiocrités. Il peut s'agir d'un texte court ou d'un livre plus ou moins ancien que son auteur souhaite mettre en valeur via une offre promotionnelle plus ou moins longue.

## Thomas de Terneuve

Thomas de Terneuve est né, à l'édition, en juillet 2012, avec l'idée d'une collection "précisions" dans l'aventure de l'indépendance littéraire enfin possible grâce aux ebooks.
Terre-Neuve est une île, au large de la côte atlantique de l'Amérique du Nord, proche du territoire français de Saint-Pierre-et-Miquelon, mais appartenant à la province canadienne de Terre-Neuve-et-Labrador.

C'est à Terre-Neuve qu'arriva la première expédition viking, vers l'an 1000, accostage considéré comme le premier contact européen avec le Nouveau Monde, ce nouveau monde duquel nous parvient l'ebook.
Terre-Neuve fut aussi la toute première colonie britannique, vers 1497.

Peu de descendants français à Terre-Neuve mais il se parle encore "le français terre-neuvien", dialecte distinct des autres français du Canada.
Je ne suis pas né à Terre-neuve, je n'y ai même jamais marché.

Quant à Saint Thomas, il fut l'un des douze apôtres d'un certain Jésus, qui essaya de convaincre son époque. Ce nom signifie « jumeau » en araméen.
Saint Thomas ne croit que ce qu'il voit. Il refusa de croire en la résurrection du Jésus venu en son absence : "*Si je ne vois dans ses mains la marque des clous, et si je ne mets mon doigt dans la marque des clous, et si je ne mets ma main dans son côté, je ne croirai point.*" Lors de son passage suivant, Jésus lui aurait balancé : "*Parce que tu m'as vu, tu as cru. Heureux ceux qui n'ont pas vu, et qui ont cru !*"

Ce Thomas de Terneuve est plus que mon jumeau : une autre face du moi incertain. Je crois en la révolution numérique, j'y participe même. Certains n'y croiront qu'après l'avoir vue...

## Stéphane Ternoise

Stéphane Ternoise est né en 1968. Il publie depuis 1991. Il est depuis son premier livre éditeur indépendant.

Dès 2004, il a proposé des livres numériques, en PDF. Mais c'est en 2011 seulement que les ventes dématérialisées ont démarré. Son catalogue numérique (depuis mi 2011 distribué par Immateriel) a ainsi rapidement dépassé celui du papier, grâce à des essais, des livres de photos... tout en continuant la lente écriture dans les domaines du théâtre et du roman. Depuis octobre 2013, et son « identifiant fiscal aux États-Unis », son catalogue papier tend à rattraper celui en pixels.
http://www.livrepapier.com ou
http://www.livrepixels.com

Il convient donc de nouveau d'aborder l'auteur sous le biais de l'œuvre. Ainsi, pour vous y retrouver, http://www.ecrivain.pro essaye de fournir une vue globale. Et chaque domaine bénéficie de sites au nom approprié :
http://www.romancier.net
http://www.dramaturge.net
http://www.essayiste.net

http://www.lotois.fr

**Vous pouvez légitimement vous demander pourquoi un auteur avec un tel catalogue ne bénéficie d'aucune visibilité dans les médias traditionnels. L'écriture est une chose, se faire des amis utiles une autre !**

**Catalogue** (le plus souvent en papier et numérique, parfois uniquement les pixels, le travail de mise en page papier demandant plus de temps que d'heures disponibles)

*Romans :* ( http://www.romancier.net )
*Le roman de la Révolution Numérique.*
*Ils ne sont pas intervenus (le livre des conséquences) également en version numérique sous le titre Peut-être un roman autobiographique*
**La Faute à Souchon ?** *également en version numérique sous le titre* **Le roman du show-biz et de la sagesse (Même les dolmens se brisent)**
*Liberté, j'ignorais tant de Toi également en version numérique sous le titre Libertés d'avant l'an 2000)*
**Viré, viré, viré, même viré du Rmi**
*Quand les familles sans toit sont entrées dans les maisons fermées*

*Théâtre :* ( http://www.theatre.wf )
*Théâtre peut-être complet*
**La baguette magique et les philosophes**
*Quatre ou cinq femmes attendent la star*
**Avant les élections présidentielles**
*Les secrets de maître Pierre, notaire de campagne*
**Deux sœurs et un contrôle fiscal**
*Ça magouille aux assurances*
**Pourquoi est il venu ?**
*Amour, sud et chansons*
**Blaise Pascal serait webmaster**
*Aventures d'écrivains régionaux*
**Trois femmes et un amour**
*La fille aux 200 doudous et autres pièces de théâtre pour enfants*
*« Révélations » sur « les apparitions d'Astaffort » Jacques Brel / Francis Cabrel (les secrets de la grotte Mariette)*
*Théâtre 7 femmes 7 comédiennes - Deux pièces contemporaines*

31

*Théâtre pour femmes*
*Pièces de théâtre pour 8 femmes*
*Onze femmes et la star*

## Photos : ( http://www.france.wf )

*Montcuq, le village lotois*
*Cahors, des pierres et des hommes. Photos et commentaires*
*Limogne-en-Quercy Calvignac la route des dolmens et gariottes*
*Saint-Cirq-Lapopie, le plus beau village de France ?*
*Saillac village du Lot*
*Limogne-en-Quercy cinq monuments historiques cinq dolmens*
*Beauregard, Dolmens Gariottes Château de Marsa et autres merveilles lotoises*
*Villeneuve-sur-Lot, des monuments historiques, un salon du livre... -Photos, histoires et opinions*
*Henri Martin du musée Henri-Martin de Cahors - Avec visite de Labastide-du-Vert et Saint-Cirq-Lapopie sur les traces du peintre*
*L'église romane de Rouillac à Montcuq et sa voisine oubliée, à découvrir - Les fresques de Rouillac, Touffailles et Saint-Félix*

## Livres d'artiste ( http://www.quercy.pro )

Quercy : l'harmonie du hasard - Livre d'artiste 100% numérique

## Essais : ( http://www.essayiste.net )

*Le manifeste de l'auto-édition - Manifeste politico-littéraire pour la reconnaissance des écrivains indépendants et une saine concurrence entre les différentes formes d'édition*
*Écrivains, réveillez-vous ? - La loi 2012-287 du 1er mars 2012 et autres somnifères*
*Le livre numérique, fils de l'auto-édition*
*Aurélie Filippetti, Antoine Gallimard et les subventions contre l'auto-édition - Les coulisses de l'édition française révélées aux lectrices, lecteurs et jeunes écrivains*

*Le guide de l'auto-édition numérique en France*
*(Publier et vendre des ebooks en autopublication)*
*Réponses à monsieur Frédéric Beigbeder au sujet du Livre*
*Numérique (Écrivains= moutons tondus ?)*
*Comment devenir écrivain ? Être écrivain ?*
*(Écrire est-ce un vrai métier ? Une vocation ? Quelle*
*formation ?...)*
*Amour - état du sentiment et perspectives*
Ebook de l'Amour
*Copie privée, droit de prêt en bibliothèque : vous payez,*
*nous ne touchons pas un centime - Quand la France*
*organise la marginalisation des écrivains indépendants*

*Chansons :* ( http://www.parolier.info )
*Chansons trop éloignées des normes industrielles*
*Chansons vertes et autres textes engagés*
*Chansons d'avant l'an 2000*
*Parodies de chansons*
*De Renaud à Cabrel En passant par Cloclo et Jacques Brel*

*En chti :* ( http://www.chti.es )
*Canchons et cafougnettes (Ternoise chti)*
*Elle tiote aux deux chints doudous (théâtre)*

*Politique :* ( http://www.commentaire.info )
*Ce François Hollande qui peut encore gagner le 6 mai 2012 ne*
*le mérite pas (Un Parti Socialiste non réformé au pays du*
*quinquennat déplorable de Nicolas Sarkozy)*
*Nicolas Sarkozy : sketchs et Parodies de chansons*
*Bernadette et Jacques Chirac vus du Lot - Chansons théâtre*
*textes lotois*
*Affaire Ségolène Royal - Olivier Falorni Ce qu'il faut en*
*retenir pour l'Histoire - Un écrivain engagé, un observateur*
*indépendant*
*François Fillon, persuadé qu'il aurait battu François Hollande*
*en 2012, qu'il le battra en 2017 (?)*

*Notre vie* ( http://www.morts.info )
*La trahison des morts : les concessions à perpétuité discrètement récupérées - Cahors, à l'ombre des remparts médiévaux, les vieux morts doivent laisser la place aux jeunes...*
*Cahors : Adèle et Marie Borie contre Jean-Marc Vayssouze-Faure - Appel à une mobilisation locale et nationale pour sauver les soeurs Borie...*

## Jeux de société
http://www.lejeudespistescyclables.com
**La France des pistes cyclables - Fabriquer un jeu de société pour enfants de 8 à 108 ans**

*Autres :*
*La disparition du père Noël et autres contes*
**J'écris aussi des sketchs**
*Vive les poules municipales... et les poulets municipaux - Réduire le volume des déchets alimentaires et manger des oeufs de qualité*

## Œuvres traduites :

La fille aux 200 doudous :
- *The Teddy (Bear) Whisperer* (Kate-Marie Glover) - Das Mädchen mit den 200 Schmusetieren (Jeanne Meurtin)

- Le lion l'autruche et le renard :
- How the fox got his cunning (Kate-Marie Glover)

- Mertilou prépare l'été :
- The Blackbird's Secret (Kate-Marie Glover)

- *La fille aux 200 doudous et autres pièces de théâtre pour enfants (les 6 pièces)*
- La niña de los 200 peluches y otras obras de teatro para niños (María del Carmen Pulido Cortijo)

## Vos observations

Vos observations, réactions, compléments d'informations,
et même corrections : http://www.99cents.fr
Le portail des ebooks à 99 centimes d'euros.

## Mentions légales

Tous droits de traduction, de reproduction, d'utilisation, d'interprétation et d'adaptation réservés pour tous pays, pour toutes planètes, pour tous univers.

Site officiel : http://www.ecrivain.pro

**Edition revue et actualisée en décembre 2013.**

**Dépôt légal à la publication au format ebook du** 14 juillet 2012**.**

Imprimé par CreateSpace, An Amazon.com Company pour le compte de l'auteur-éditeur indépendant.
**livrepapier.com depuis décembre 2013**

**ISBN 978-2-36541-489-0**
**EAN 9782365414890**

*99 centimes l'ebook, un nouveau modèle économique - Un prix symbolique pourtant plus intéressant pour l'écrivain qu'une publication en livre de poche* de Thomas de Terneuve (Stéphane Ternoise)
© Jean-Luc PETIT - BP 17 - 46800 Montcuq - France
13 décembre 2013